Jean Neil

Ich erlebte ein Wunder

Mit einem Vorwort von Reinhard Bonnke

Leuchter-Verlag eG · Erzhausen

Titel der Originalausgabe: I EXPERIENCED A MIRACLE

Übersetzung: Matthias Szebrat
Umschlaggestaltung: Frank Decker, Langen

1. Auflage Mai 1990

ISBN 3-87482-143-9

Gesamtherstellung: Schönbach-Druck GmbH, 6106 Erzhausen

Inhalt

VORWORT

Zwölftausend Menschen wurden Augenzeugen des wunderbaren Ereignisses, von dem dieses Buch berichtet. Einige kannten Jean Neil schon seit Jahren und hatten ihre großen Leiden gesehen. Niemand, der anwesend war und miterlebte, wie sie von diesen Schmerzen befreit wurde, kann jetzt noch zweifeln. Dieser Tag des Wunders ist immer noch in unserem Gedächtnis.

Jean Neil hatte sieben verschiedene Leiden. Innerhalb von Sekunden wurde ihre vollkommene Gesundheit wieder hergestellt. Dieses Ereignis ragt unter allen Heilungen heraus, denn auch ihre Leiden waren herausragend. Die Umstände ihrer Heilung in dem riesigen Ausstellungszentrum machten alles noch spektakulärer und bemerkenswerter.

Von daher verdient dieses Ereignis einen besonderen Platz unter allen Berichten, genauso wie bestimmte Heilungen aus allen Wundern, die Jesus Christus tat, ausgewählt wurden, um in der Bibel erwähnt zu werden. In der Tat war dies auch ein Wunder von biblischer Dimension. Deshalb bin ich froh, daß ich für dieses Buch das Vorwort schreiben darf, damit Gott dadurch verherrlicht wird.

Trotzdem könnte ein Mißverständnis auftreten: Manch einer mag vielleicht denken, die Geschichte dieser Heilung wird deshalb in dieser Weise veröffentlicht, weil Heilungen so überraschend und selten geschehen. Die Tatsachen beweisen aber das Gegenteil. Wir sollten niemals davon überrascht sein, wenn Jesus heute noch Sein Wort einlöst.

Es gibt nichts Überraschendes bei unserem Herrn Jesus Christus, der in der Lage ist, eine verkrüppelte Frau von Jahren des Leidens zu befreien. Aber die Umstände ihrer Heilung sind derart, daß dadurch noch viele andere, die leiden, ermutigt werden können, Gott für ihre Heilung zu vertrauen.

Heilungen sind auch heute nicht ungewöhnlich. Auf der ganzen Welt wird Gottes Barmherzigkeit sichtbar, und Millionen freuen sich über den heilenden Christus. Er ist derselbe gestern, heute und für immer. In meinen eigenen weltweiten *Christus-für-alle-Nationen-Veranstaltungen* erleben wir immer wieder die Offenbarung des Heiligen Geistes. Er rührt die Kranken und Leidenden an, so daß Lahme gehen, Blinde sehen und Taube hören.

Der Augenblick der Heilung von Jean Neil ist von Video-Kameras aufgezeichnet worden. Auch hierin war die Hand Gottes. Er möchte, daß die ganze Welt die Herrlichkeit unseres Herrn und Seine Kraft, Barmherzigkeit und Güte sieht. Jeans persönliche Erfahrung ist also nicht nur in diesem Buch niedergeschrieben, sondern auch auf Videoband vorhanden,

so daß jeder sehen kann, was die damals dort Anwesenden miterlebten. Dieses Video kann von jedem gekauft werden.

Es ist Zeit für die Völker, daß sie Christus erkennen. So wie Er vor langer Zeit im Heiligen Land gewandelt ist, durchschreitet Er heute noch die Kontinente und streckt Seine durchbohrten Hände aus, wo immer Er in Wahrheit gepredigt wird. Denn Jesus Christus lebt tatsächlich!

Gott segne dieses Buch. Und während diese Seiten gelesen werden, ist der Heilige Geist gegenwärtig, das zu tun, was Er für Jean getan hat. Das ist mein Gebet.

Reinhard Bonnke

EINLEITUNG

Dies ist die wahre Geschichte der völligen Heilung unserer Freundin Jean Neil; und gleichzeitig ein Bericht über ihr Leben mit Schmerzen, Qualen und ihrem erstaunlich tiefen Glauben an Jesus Christus, selbst in jenen Zeiten, als ihr jede Bewegung große Anstrengung und Schmerzen verursachte. Ihr Glaube war so tief und vertrauensvoll, daß sie regelmäßig die Gottesdienste der Pfingstgemeinde besuchte, der sie angehört. Obwohl sie dort mehrere Male zusammenbrach, blieb ihr Geist doch stets klar und frisch.

Ihr Glaube wurde durch das Wunder, das der Herr an ihr getan hat, belohnt, so daß sie nun ein ganz neues Leben führen darf. Jetzt geht sie in das örtliche Krankenhaus und hilft dort, um den kranken und verkrüppelten Menschen Hoffnung zu geben. Diese Menschen liegen auf derselben Station, auf der auch sie noch kürzlich immer wieder für mehrere Wochen unbeweglich liegen mußte.

Ich hoffe, daß jeder, während er dieses Buch liest, erkennt, daß Vertrauen in unseren Herrn Jesus Christus eine große Belohnung bringt. Ich bin Anglikaner. Meine Frau geht, genau wie Jean, in die Pfingstgemeinde. Doch

wir preisen gemeinsam den Herrn und bekennen Seine Größe und Seine wunderbaren Werke.

Es ist mein aufrichtiger Wunsch, daß alle, die an irgendeinem Gebrechen leiden, beim Lesen dieses Buches in ihren Schmerzen und Leiden Hoffnung und Glauben finden. Denn Wunder geschehen heute noch — überall, zu irgendeiner Zeit und jederzeit!

George Sensecall

INHALTSVERZEICHNIS

1. Kapitel

Erste Begegnung

Nachdem ich viele Jahre als Organist in verschiedenen anglikanischen, methodistischen und baptistischen Gemeinden gedient hatte, schlug meine Frau mir vor, wir sollten doch auch einmal die Assemblies of God-Gemeinde (Pfingstgemeinde) in der Lawford Road besuchen.

Irgendwie war ich nervös, und wegen des lebendigen und freien Verhaltens der dortigen Gemeindeglieder in den Gottesdiensten spürte ich, daß dies nicht meine gewohnte Umgebung war. Ich war viel zu konservativ und fühlte mich nur in den ruhigen und gesetzten Gottesdiensten zu Hause.

Doch während ich hörte, wie die Anwesenden nacheinander beteten und dabei beobachtete, daß sie dies vollkommen frei und voller Glaubenszuversicht taten, erkannte ich die Hingabe und Ernsthaftigkeit dieser gläubigen Menschen.

Jean saß ganz vorn. Man konnte, wenn sie sich gelegentlich etwas aufrichtete, um besser

zu sehen, erkennen, daß sie große Schmerzen hatte. Und dabei wurde sie immer blasser.

Ich sagte zu meiner Frau, wohl ohne groß nachzudenken und natürlich ohne Jeans Glauben und ihr Vertrauen in Gott zu kennen: „Wer ist diese törichte Frau da vorn, die offensichtlich große Schmerzen hat? Sie sollte doch mehr Vernunft besitzen, als immer wieder zu versuchen aufzustehen."

Doch ich wurde voller Ernst daran erinnert, wo ich mich befand. Leider begriff ich nicht, daß der Herr von Jean offensichtlich erwartete, sie solle Ihm vertrauen und ihren Glauben auf Seine Kraft setzen, mit der Er helfen kann.

Trotz aller Versuche mußte Jean dann doch sitzen bleiben. Sie sah sehr leidend aus und war wohl manchmal einem Zusammenbruch und einer Ohnmacht nahe.

Am Schluß des Gottesdienstes wurden meine Frau und ich von Pastor Cunningham begrüßt. Auch die anderen Gemeindeglieder kamen, begrüßten uns und unterhielten sich mit uns. Pastor Cunningham lud uns zu dem gemeinsamen Gebetsfrühstück am Dienstagmorgen ein. Meine Frau nahm die Einladung an, während ich ablehnte.

Am Dienstagmorgen fuhr ich meine Frau um 10 Uhr zu diesem Gebetsfrühstück und war pünktlich 11 Uhr wieder dort, um sie abzuholen. Ich wurde gebeten, zum Schluß dieser Versammlung noch ein Lied zu spielen und dachte freudig: „Großartig, jetzt habe ich Gelegenheit, noch auf dieser Hammondorgel zu spielen."

Irgendwie meinte ich, auch zu der Kranken einige Worte sagen zu sollen, die sich so große Mühe gab, ihre Schmerzen und Schwierigkeiten nicht zu zeigen. Ich wandte mich Jean zu und machte eine sehr taktlose Bemerkung — doch das merkte ich erst hinterher. Ich sagte zu ihr: „Sie müssen doch närrisch sein, in diesem Zustand immer wieder zu den Versammlungen zu kommen." Ihre ganze Reaktion war ein zurückhaltendes Lächeln.

Nun merkte ich, daß meine Frau sehr verlegen wurde, und begriff zu spät, wie taktlos meine Worte gewesen waren.

Am gleichen Abend war um 19.30 Uhr eine Gebetsstunde in der Pfingstgemeinde. Ich fuhr meine Frau nach dort, blieb aber selbst nicht, sondern holte sie gegen 21 Uhr wieder ab.

Als ich ankam, betrat ich leise den Vorraum, um zu sehen, ob die Versammlung schon beendet war. Sie war noch nicht. Während ich dort stand und wartete, hörte ich, wie im Saal mehrere Leute ganz eigenartige und fremde Worte redeten, von denen ich nicht ein einziges verstand.

Als die Versammlung zu Ende war, betrat ich den Saal. Viele der Anwesenden erkannte ich vom Vormittag wieder. Sie begrüßten mich, als würden wir uns schon Jahre kennen.

Der Pastor kam zu mir und erzählte, daß Roy, ihr Organist, am Wochenende leider verreisen müsse. Ob ich bereit sei, am Sonntag die Orgel zu spielen, fragte er.

Ich sagte zu, und der Gottesdienst gefiel

mir sehr gut, obwohl ich von den fremden Wörtern, die von den Anwesenden manchmal während des Gebets benutzt wurden, kein einziges verstand und diese mir sehr seltsam vorkamen.

Auf dem Heimweg erklärte mir meine Frau dieses Phänomen, als ich diese mir unverständlichen Wörter erwähnte. Zum ersten Mal hörte ich, daß Menschen in anderen Sprachen reden können, speziell wenn sie spüren, daß der Heilige Geist gegenwärtig ist. Genauso hörte ich, daß einige dieser Leute die Gabe der Auslegung dieser fremden Sprachen besaßen.

Am nächsten Sonntag ging meine Frau mit mir zu unserer Kirche. Dort bestätigte der Pfarrer in einem anschließenden Gespräch die Gedanken meiner Frau, daß er ein *wiedergeborener Christ* sei. Wieder wußte ich nicht, was das bedeutete, und mußte es mir erklären lassen. Auch das war wieder ganz neu für mich.

Doch ich erfreute mich auch weiterhin an unseren eigenen Gottesdiensten und glaubte ernstlich, daß der Herr in jedem Gottesdienst gegenwärtig ist, in der Kirche oder wo sich sonst zwei oder drei in Seinem Namen versammelten. Doch von nun an trafen meine Frau und ich die Vereinbarung, daß ich abwechselnd in meine Kirche und dann wieder mit ihr in die Pfingstgemeinde gehen würde.

So traf ich also Jean dort im Gottesdienst wieder, und da erfuhr ich endlich mehr über ihre Krankheit. Sie erklärte mir auch ihren

Glauben und ihr Vertrauen in Gott, daß Er sie heilen könne; und ebenso ihre Zuversicht, daß dieses tiefe Vertrauen ihre Leiden erleichtern würde. Sie hatte sehr oft große Schmerzen, aber sie gab sich Mühe, diese nicht weiter zu beachten.

Ich entschuldigte mich für meine frühere taktlose Bemerkung, fügte aber hinzu, daß ich doch ernsthaft meinte, sie solle jede übermäßige Anstrengung vermeiden. Ich sprach aus Erfahrung, denn einige Jahre zuvor war ich an meinem Arbeitsplatz eine Treppenflucht hinuntergefallen und hatte mir dabei den Rücken so geprellt, daß ich mehrere Wochen auf zwei Brettern schlafen mußte. Glücklicherweise erholte ich mich wieder und trug keinen bleibenden Schaden davon.

2. Kapitel

Näheres Kennenlernen

Wir luden Jean für einen Dienstag zu uns nach Hause ein. Meine Frau, die ebenfalls Jean heißt, wollte am Dienstagvormittag zur Gebetsstunde gehen, und von dort sollte die andere Jean gleich mit zu uns kommen.

Ich fuhr meine Frau also zur Kapelle und war pünktlich 11 Uhr zurück, um sie und die andere Jean abzuholen.

Da ich nur einen zweitürigen Ford Escort hatte, mußte meine Frau zuerst auf den Rücksitz klettern. Anschließend hatte ich alle Mühe, Jean mit ihren beiden Krücken auf den Beifahrersitz zu bringen. Ich bemerkte dabei, daß ihr das Einsteigen große Schmerzen bereitete.

Die Fahrt nach Hause ging ganz gut. Doch das Aussteigen bereitete der Behinderten fast noch mehr Mühe, als sie beim Einsteigen gehabt hatte. Doch endlich hatten wir es geschafft und führten sie in unser Wohnzimmer.

Es dauerte dann nochmals etwa eine halbe Stunde, bis mir ganz klar wurde, in welch schwieriger Lage unser Gast sich befand. Jean konnte weder richtig sitzen noch stehen, ohne daß es ihr Schmerzen bereitete. Und dennoch war sie sehr fröhlich und machte Späße und lachte froh. Wir sangen auch mehrere Lieder und Chorusse zusammen, wobei ich die beiden Frauen auf dem Klavier begleitete.

Am Nachmittag versuchten wir dann, es Jean mit Hilfe von Kissen so bequem wie möglich zu machen, damit sie wenigstens ein wenig entspannen und ausruhen konnte. Es war zu merken, daß sie unter ständigen Schmerzen litt. Doch trotzdem erklärte sie immer fest und freudig, sie würde vom Herrn stets soviel Hilfe und Kraft empfangen, daß alles zu ertragen sei.

An diesem Tag erfuhren wir im Laufe der Unterhaltung auch, daß Jean trotz ihrer Schmerzen jeden Sonntag von 12 bis 13 Uhr eine Sonntagsschulklasse leitete. Das versetzte uns noch mehr in Erstaunen, und ich wunderte mich über den Mut dieser Frau.

Wir verbrachten an diesem Tag eine sehr schöne Zeit mit unserem Gast. Doch dann rückte die Stunde heran, wo die beiden Frauen zur Abendgebetsstunde gehen wollten. Ich mußte also wieder Dienst als Fahrer tun und sie zur Kapelle bringen. Dort angekommen, war ich sehr froh, als ich erfuhr, daß Jean nach der Gebetsstunde von Pastor Cunningham nach Hause gebracht wurde.

Bei dieser Gelegenheit lernte ich noch eine

andere sehr liebenswürdige Frau kennen, die ebenfalls eine gute Freundin unserer Familie wurde. Es war Frau Green. Sie litt auch schon viele Jahre unter Schmerzen und hatte ein sehr tragisches Leben hinter sich. Doch sie ist eine der nettesten und höflichsten Frauen, die wir jemals kennenlernten. Trotz ihrer Behinderung ist sie immer fröhlich, obwohl sie so wenig für sich selbst tun kann.

Mein Glaube jedenfalls wurde durch die Begegnungen mit diesen feinen Christen sehr gestärkt. Es schien in dieser kleinen Gemeinde sehr viele Leute zu geben, die einen sehr starken Glauben hatten. Und die Kranken schienen durch diesen Glauben in ihrem Leiden große Kraft und Erleichterung zu finden. Ich muß gestehen, daß ich sie um diesen Glauben ein wenig beneidete.

Doch nachdem ich berichtet habe, wie ich Jean kennenlernte, wollen wir ihre eigene Geschichte hören.

3. Kapitel

Jean erzählt

Ich wurde im Jahre 1935 auf Jersey, einer der englischen Kanal-Inseln, in eine Familie von 13 Kindern hineingeboren; sechs Jungen und sieben Mädchen. Während der Geburt des letzten Kindes erlitt meine Mutter einen heftigen Gehirnschlag. Deshalb mußten wir Kinder für lange Zeit auf uns selbst aufpassen.

Mein Vater kam regelmäßig betrunken nach Hause und war dann sehr gewalttätig. Bei einer Gelegenheit saßen zwei meiner älteren Brüder ganz ruhig am Feuer, als mein Vater nach Hause kam. Er war wie gewöhnlich betrunken, und sein grausames Verhalten fing wieder an. Er ergriff einen Feuerhaken und schlug meine beiden Brüder damit ohne jeglichen Grund.

Nach diesem und anderen Vorfällen wurden wir von den Behörden getrennt und in verschiedene Kinderheime gesteckt. Wir Mädchen in eins, und die Jungen in ein anderes; sehr weit voneinander entfernt.

So wurden wir also zu einer getrennten

Familie, da meine Mutter auch noch ins Krankenhaus mußte und sonst keine erwachsene Person mehr da war, die für uns hätte sorgen können. Mein Vater war wegen seiner Trunksucht und der dauernden Gewalttätigkeiten nicht in der Lage dazu. Deshalb verfügten von nun an die Behörden über uns.

Ich blieb in der Kleinkinderabteilung des Heimes, bis ich sechs Jahre alt war. Dann wurde ich in ein anderes Heim gebracht, in dem sich einige meiner Schwestern befanden.

Nach einigen Jahren begannen auch wir Schwestern uns zu trennen und verschiedene Wege zu gehen, da jede eine andere Einstellung zum Leben hatte. So wurden wir einander fremd. Nur mit meiner jüngeren Schwester Roselle behielt ich nähere Verbindung. Sie wohnt auch heute noch in unserer Nähe.

Mit 15 Jahren arbeitete ich ein Jahr lang im Pflegedienst und entschied mich dazu, einen Kinderpflegekurs zu besuchen und bekam auch eine Anstellung in der Kleinkinderabteilung desselben Kinderheims. Das erfüllte mich mit großer Freude und Befriedigung, da ich mich sehr gut in die Lage dieser kleinen Kinder, die meistens Waisen waren, hineinversetzen konnte.

Erfolgreich schloß ich meine Prüfung ab und ging dann in die Krankenpflege. Doch aufgrund einer bald auftretenden Krankheit mußte ich meinen Beruf unglücklicherweise bald aufgeben.

Eines Abends wurde ich völlig überraschend gefragt, ob ich nicht zu einem Gottes-

dienst der Brüdergemeinde in Jersey mitgehen wolle. Zusammen mit neun anderen Teenagern entschieden wir uns, es einmal zu versuchen und zu sehen, ob wir die Versammlung nicht durch einen Streich stören konnten. Zu unserem Bedauern waren bei unserer Ankunft nur noch zehn Stühle frei, und das ausgerechnet in der vordersten Reihe. Wir dachten: „Die haben das so arrangiert, damit wir uns auch ordentlich benehmen."

Doch Gott hatte einen Plan mit mir, und die Predigt sprach mich an diesem Abend sehr stark an. Es war gerade Karfreitag, und zum ersten Mal in meinem Leben erkannte ich, daß Jesus für mich persönlich gestorben war. Obwohl wir jeden Sonntag vom Kinderheim aus die Kirche besuchten, geschah dies alles für mich sehr plötzlich. Es war das erste Mal, daß ich wirklich das Evangelium hörte, und es überzeugte mich, mein Leben Jesus zu übergeben.

Obwohl ich nun Jesus nachfolgte, habe ich mich in dieser Gemeinde nie ganz wohl gefühlt, denn die Frauen hatten in einer Brüdergemeinde immer völlig zu schweigen. Die einzige Zeit, in der eine Frau reden durfte, war in einer speziellen Frauenversammlung oder in der Bibelklasse für Kinder.

Meinen Mann lernte ich durch ein Gemeindeblatt kennen, das eine unserer Schwestern regelmäßig geschickt bekam. In diesem Blatt gab es immer eine Reihe Adressen von solchen Leuten, die eine Brieffreundschaft suchten.

Im Kinderheim dachten wir Schwestern:

„Warum nicht?“ Und halb im Scherz beschlossen wir, jede solle die Augen schließen und dann den Finger auf eine Adresse legen. Dem Mann sollte sie dann schreiben.

John Neil aus Rugby war der Mann, auf dessen Adresse ich meinen Finger legte. Und ich bin nun seit mehr als 30 Jahren mit ihm glücklich verheiratet, und wir haben vier Kinder.

Nachdem wir uns oft besucht und näher kennengelernt hatten, legten wir den Hochzeitstermin fest und heirateten auf Jersey. Da John in Rugby eine gute Arbeitsstelle hatte, entschlossen wir uns, dort zu leben. Also mußte ich Jersey verlassen.

Doch schon vor meiner Hochzeit hatte ich auch mit Krankheiten zu tun. Ich mußte in meinem Leben vierzehn Operationen durchstehen. Drei davon schon in Jersey wegen lahmer Zehen und einer Blinddarmentzündung im Alter von 21 Jahren. Das Leben als Patient im Krankenhaus fing für mich früh an, dachte ich.

John und ich kauften uns dann in Rugby in der Newland Street ein Haus. Doch ehe ich Jersey verließ, wurde mir von der dortigen Brüdergemeinde noch ein Empfehlungsschreiben für ihre Gemeinde in Rugby mitgegeben. Aber trotz mancher Bemühungen konnte ich diese Gemeinde nicht finden. Glücklicherweise bekamen wir bald eine Einladung, den Gottesdienst der Pfingstgemeinde in der Lawford Road zu besuchen.

Das Leben war von unserer Hochzeit an nicht immer einfach. Wir mußten manche

Schwierigkeiten und auch Eheprobleme durchstehen. Doch Gott half uns.

Da es in unserer Gegend viele Kinder gab, fiel mir vor allem während der Schulferien auf, daß sie in der Gegend herumlungerten, nicht wußten, was sie machen sollten und sich langweilten und deshalb allerlei Unfug anstellten. Deshalb organisierte ich bei uns während der Ferien das erste Kinder-Spielprogramm. Es machte den Kindern und auch mir viel Freude, und ich durfte es zwölf Jahre lang tun. Dadurch wurde ich vor allem bei den Eltern, aber auch bei vielen anderen Leuten in unserer Gegend sehr bekannt.

Doch nun zurück zu meinem ersten Kontakt mit der Pfingstgemeinde. Aus reiner Neugier ging ich hin, als ich eingeladen wurde. Ich war zwar gelegentlich auch schon mit in der Kirche meines Mannes gewesen, aber dort vermißte ich doch einiges.

Als ich das erste Mal in die Pfingstgemeinde kam, fiel mir sofort die Freundlichkeit der Menschen dort auf und ihre Liebe und Güte mir gegenüber. Es war so, als würden sie mich schon seit Jahren kennen. Eine Frau Tewe aus der Gemeinde lud mich ein. Sie wohnte nur eine Straße weiter, und wir freundeten uns sofort an.

Die Versammlungen allerdings kamen mir etwas seltsam vor, da ich ja die sehr steifen Versammlungen der Brüdergemeinden gewohnt war, in denen sich die Frauen überhaupt nicht rühren durften. Hier nun, in der Pfingstgemeinde, standen auch die Frauen auf und bete-

ten, ohne vorher aufgefordert zu werden. Man klatschte bei Liedern oder Chorussen freudig in die Hände und war im Gottesdienst fröhlich. Das alles war doch recht fremd für mich.

Als ich nach Hause kam, sagte ich zu meinem Mann: „Dort gehe ich nicht wieder hin. Die ganze Sache ist mir zu ungewohnt. Außerdem reden sie im Gottesdienst, vor allem wenn sie beten, manchmal ‚chinesisch' oder in einer anderen Sprache, von der ich nichts verstehe." Heute weiß ich natürlich, daß sie, erfüllt mit dem Heiligen Geist, in anderen Zungen redeten.

Außerdem meinte ich, daß all dieses Händeklatschen doch sehr ehrfurchtslos sei; und mir kamen in den Gottesdiensten auch entschieden zu viele Hallelujas vor.

Die Bibel sagt uns, daß wir, wenn wir mit dem Heiligen Geist erfüllt werden, diese und andere Gaben im Überfluß haben. Doch das verstand ich am Anfang nicht.

Doch trotz all dieser Fremdartigkeiten zog es mich immer wieder in diese Gottesdienste, weil ich dort etwas von der Gegenwart Gottes spürte. Langsam begann ich mich heimisch zu fühlen. Und bald wurde mir auch die Wahrheit von der biblischen Wassertaufe klar, die ein äußeres Zeugnis dafür ist, daß wir unser altes Leben Christus übergeben und mit Ihm nunmehr ein neues Leben begonnen haben. Deshalb meldete ich mich auch zur nächsten Taufe an und ließ mich taufen, wie die Bibel es sagt.

Doch dann kam ein Tag, da sagte meine Schwägerin zu mir: „Wir haben einige Teppiche für euch. Kommt und holt sie. Bring John mit. Mein Mann wird euch beim Transport sicher auch helfen.“ So geschah es. Doch während des Transports dieser Teppiche fiel ich aufgrund eines dummen Spaßes, den wir machten, auf den Bürgersteig und brach mir dabei den unteren Teil der Wirbelsäule.

Dies war der Beginn eines 25jährigen Lebens unter großen Schmerzen.

4. Kapitel

Beginn der Leiden

Ich wurde in das Krankenhaus St. Cross in Rugby gebracht, wo ich acht Wochen auf soliden Brettern liegen mußte. Ich hoffte, der Bruch würde so verheilen, doch dann wurde mir mitgeteilt, daß eine Operation an meiner Wirbelsäule absolut notwendig sei.

Da ich auch beide Arme nicht mehr bewegen konnte, mußte an diesen eine Nervenoperation vorgenommen werden. Beide Operationen wurden dann gleichzeitig durchgeführt.

Obwohl ich erst seit kurzer Zeit Mitglied der Pfingstgemeinde war, besuchten mich die Glieder der Gemeinde treu und regelmäßig und brachten mir soviel Liebe entgegen, daß ich davon tief bewegt wurde. Noch nie hatte ich soviel Freundlichkeit und geistliche Hilfe erfahren. Auch gaben mir diese lieben Menschen all den Beistand und Trost, den ich, seit unsere Familie, als ich noch Kind war, auseinandergerissen wurde, verloren hatte.

Es gab Zeiten, da wäre ich wohl in die Irre gegangen, weil ich das, was sie mir sagten,

nicht hören wollte. Wenn ich heute zurückschaue, muß ich zugeben, daß sie damals das Richtige gesagt haben. Ich bin überzeugt, daß ihr Reden durch Gott gewirkt war.

Auch unsere Ehe geriet in die Krise und stand kurz vor dem Zusammenbruch. Aber durch die geistliche Förderung sind wir immer noch, nunmehr nach 30 Jahren, glücklich verheiratet. Ich danke Gott dafür. Wenn ich kein Christ gewesen wäre, wo wäre ich jetzt? Vielleicht in einer Irrenanstalt!

Damals spielte ich oft mit Selbstmordgedanken. Dort, in meinem Krankenbett, wurde mir deutlich, daß mit meinem Rücken trotz der wunderbaren Pflege, die ich hatte, etwas noch nicht in Ordnung war. Meine fürchterlichsten Ängste wurden bestätigt, als man mir mitteilte, daß mein ganzer Körper in ein Gipsbett mußte. Dies bedeutete, daß ich sechs Monate an das Bett gebunden war und nur flach liegen durfte.

Als mir das Gipsbett angepaßt war, durfte ich einige Tage später nach Hause. Doch nun ergaben sich eine ganze Reihe sehr persönlicher Probleme. Die Ärzte nahmen sich dieser persönlichen Probleme zwar sehr freundlich an. Außerdem kam zweimal täglich eine Krankenschwester, die mich wusch, wann immer sie konnte. Ich bin aber sicher, daß sie niemals meine Füße entdeckte. Meine Füße und Knöchel wurden von ihr nie gewaschen.

Doch eines Tages entdeckte die Frau des Pastors den schlimmen Zustand meiner Füße — sie waren sehr entzündet — und zögerte

nicht, sie mir täglich zu waschen und mit einer mildernden Salbe einzureiben. Diese Tat zeigte mir, welche Liebe sie für ihr neues Gemeindeglied hatte. Die Füße sind ja nicht gerade das, worum man sich sehr gern kümmert, dachte ich.

Nach dieser langen Zeit der Unbequemlichkeit wurde mir eröffnet, daß eine weitere Wirbelsäulenoperation notwendig sei. Dazu wurde ich in ein anderes Krankenhaus nach Coventry gebracht, wo mir der Chirurg nur eine 50/50 Chance gab. Er konnte mir nicht versichern, daß ich jemals wieder ohne Hilfe würde laufen können. Doch ich hatte volles Vertrauen in den Chirurgen und spürte, daß mit Gott an meiner Seite ich nicht völlig gelähmt enden würde.

Nach der Operation war ich sehr schwach, und es dauerte einige Wochen, bis ich überhaupt wieder einige Schritte gehen konnte.

Als ich dann nach Hause durfte, behandelte Schwester Cunningham meine Füße wieder. Dabei kam mir in den Sinn, wie demütig unser Herr doch gewesen sein muß, als Er Seinen Jüngern die Füße gewaschen hat.

Ich machte nun einige Fortschritte. Obwohl ich mich nie ganz von den Operationen erholte, konnte ich doch wieder einigermaßen gehen, so daß mir eine Stelle als Altenpflegerin angeboten wurde.

5. Kapitel

Die Katastrophe

Meine Aufgabe war eine Teilzeitarbeit und bestand in der Betreuung einiger Wohnungen in Rugby. Dies bedeutete, daß ich täglich ältere Menschen in ihren Altenwohnungen besuchen mußte und daß ich bei Notrufen zur Verfügung stand. Sehr bald fand ich dann heraus, daß der Besuch von rund dreißig Leuten täglich und das Erklimmen von Hunderten von Stufen doch ein wenig mehr war, als ich mir unter einer Teilzeitarbeit vorgestellt hatte.

Doch während die Tage vorübergingen, begann ich meine Arbeit zu lieben. Diese alten Menschen waren sehr verschieden in ihrem Wesen, und manchmal änderte sich ihre Laune von Tag zu Tag. Doch die Arbeit gab mir einen neuen Lebenssinn und war interessant. Kein Tag war wie der andere, immer wieder geschah etwas Überraschendes.

Mir fiel auf, daß viele ältere Menschen oft allein gelassen werden. Der Versuch, ihr Leben lebenswert und sinnvoll zu machen, erfüllte mich mit Befriedigung. Zu meiner

großen Freude konnte ich viele von ihnen noch zum Herrn führen, und ich war an ihrer Seite in ihren letzten Stunden.

Nach zwei Jahren wurde mir angeboten, meine Aufgabe zu einer Ganztagsstelle auszuweiten. Alle Altenwohnungen wurden deshalb mit einer Gegensprechanlage ausgerüstet, so daß jeder Bewohner erst einmal mit mir sprechen konnte, statt den Alarmknopf zu drücken und dann zu sagen: „Es tut mir leid, ich habe den Knopf nur irrtümlich gedrückt." Einige der lieben Alten, die den Knopf drückten, waren wirklich nur total aufgeregt und aus der Fassung, so daß eine Tasse Tee und ein paar liebe Worte Wunder wirkten und sie wieder beruhigten.

Ich bin sicher, daß mein tiefer Glaube an Jesus Christus mir diese Extraportion Geduld und Sympathie gegeben hat, so daß ich den alten Menschen dadurch eine so große Hilfe sein konnte.

Unglücklicherweise begann ich nach einigen Jahren immer öfter in der Gemeinde zu fehlen. Obwohl ich immer noch in der Sonntagsschule und der Jungschar tätig war, muß ich bekennen, daß ich die älteren Menschen immer wieder als Entschuldigung gebrauchte, um eine oder zwei Versammlungen auszusetzen. Ich weiß heute, daß der Satan versucht hat, mich von der Gemeinde wegzubringen.

Ich glaube, meine beruflichen Aufgaben begannen mich langsam aufzufressen. Die Arbeit als Altenpflegerin stellt sehr viele

Ansprüche. Ärzte wurden benötigt, die Alten mußten getröstet oder ermutigt werden, Angelegenheiten mit der Sozialhilfe und mancher andere Papierkram bedurften Erledigung usw.

Den alten Leuten genügte es nicht, wenn Ärzte oder Beauftragte der Wohlfahrt nach ihnen schauten. Sie wollten eben mit ihrer Pflegerin immer ein paar Minuten reden. Doch aus diesen paar Minuten wurden dann oft Stunden, in denen ich Trost und Ermunterung spenden mußte.

Manchmal meldete sich die Rufanlage schon in den sehr frühen Morgenstunden und riß mich aus dem Schlaf. Dann mußte ich mir gar oft anhören, daß mir der Anrufer nur zu sagen hatte: „Ich kann nicht schlafen." Dann kam es schon einmal vor, vor allem, wenn ich selbst vor lauter Arbeit erst sehr spät ins Bett gekommen war, daß ich ein wenig verärgert antwortete: „Ich kann jetzt auch nicht mehr schlafen, und auch meine Familie ist nun wach geworden. Sie haben jetzt also sechs Personen im dringend notwendigen Schlaf gestört."

Als Altenpflegerin mußte man eben zu jeder Tages- und Nachtzeit zur Verfügung stehen, selbst wenn man gerade dabei war, das Essen für den Ehemann und die eigenen vier Kinder zu kochen. Ich glaube, die viele Geduld, die ich dabei immer wieder hatte, war ein Gnadengeschenk Gottes, denn es kam nur sehr selten vor, daß ich bei meinen Aufgaben die Geduld verlor.

Während meines Sommerurlaubs nutzte ich die Zeit, um eine örtliche Kinder-Spielgruppe zu organisieren. Der Höhepunkt dieser Ferien-Spielgruppe war ein Ausflug ans Meer. Für manche ärmeren Kinder war es das erste Mal, daß sie das Meer zu sehen bekamen. So war auch meine Sommerferienzeit von morgens 9 Uhr bis nachmittags 16 Uhr ausgefüllt.

Als die Schulferien zu Ende waren, verblieben mir noch etwa zwei Wochen meines persönlichen Urlaubs, die ich nun mit meiner Familie verbringen wollte. Meine älteste Tochter Judith beendete in Northampton gerade ihre Krankenpfleger-Ausbildung. Sie bat mich, mit ihr mit dem Auto zu dem Krankenhaus in Northampton zu fahren, um ihre Studienunterlagen und andere persönliche Dinge abzuholen.

Die letzte Fahrt nach Northampton wurde zur Katastrophe. Auf dem Rückweg, gerade als wir durch das Dorf West-Haddon fuhren, hatten wir plötzlich zwei platte Reifen. Das Auto geriet außer Kontrolle. Wir streiften mehrere Zäune, wodurch zwei Türen abgerissen wurden. Judith, die am Steuer saß, wurde aus dem Auto geschleudert.

An einem Telegrafenmast endete unsere Fahrt. Durch den Aufprall knickte der Mast um, bohrte sich durch die Windschutzscheibe, brach mir den Arm und brachte mir sehr schlimme Kopfverletzungen bei. Außerdem wurde meine Wirbelsäule gequetscht, und ebenso meine beiden Beine. Mein Genick

wurde ebenfalls ernsthaft verletzt. Zwei weitere meiner Kinder, die auf dem Rücksitz saßen, zogen sich durch die Gnade Gottes nur geringe Verletzungen zu.

Ich bin sicher, es war die Fügung Gottes, daß wir schnellstens beste Hilfe bekamen. Die erste Person nämlich, die am Unfallort erschien, war der Chefarzt des Krankenhauses. Im zweiten PKW saß ein Doktor Hyman, gefolgt vom Auto eines Oberarztes. Im nächsten Auto saßen die Oberschwester, die für meine Tochter verantwortlich gewesen war, und drei weitere Krankenschwestern. All diese wunderbaren Menschen begannen sofort, uns zu helfen.

Daß so viele medizinische Experten als erste am Unfallort waren, hat mir wohl das Leben gerettet. Später wurde mir im Krankenhaus gesagt, ich hätte den Unfall wahrscheinlich nicht überlebt, wenn man mich nicht sofort in der richtigen Weise aus dem Auto gehoben und hingelegt hätte. Ich konnte Gott nur danken und war mir gewiß, daß Er auch diesmal an meiner Seite gewesen war.

Nach ausgiebigen Untersuchungen wurde ich über das Ausmaß der Zerstörung meines Körpers unterrichtet. Ich zwang mich zu schlafen, wie die meisten es tun, die Angst vor dem Sterben haben. Ich wußte zwar, daß ich in der Hand Jesu Christi war und zu Ihm gehen würde, wenn jetzt der Tod käme. Doch ich machte mir Sorgen um viele der Kinder aus der Spielgruppe.

Diese Kinder hatten sich während der

Ferienspiele zwar zu Jesus bekehrt und waren auch zur Sonntagsschule gekommen. Doch ihr Glaube war noch sehr schwach und sie würden wohl wieder zurückfallen, wenn ich mich nicht weiter um sie kümmern konnte, da die meisten aus ungläubigen Familien kamen.

Dann kamen die Kinder der Sonntagsschule, um mich im Krankenhaus zu besuchen. Sie brachten kleine Geschenke. Die Ärmeren nahmen ihren Bonbon aus dem Mund und gaben ihn mir, weil sie sonst nichts weiter hatten. Ein Junge kam mit einem Strauß Blumen. Es war Löwenzahn, den er selbst gepflückt hatte, weil er kein Geld besaß, Blumen zu kaufen.

Ich dankte Gott immer wieder für Seinen Beistand, für die wundervolle Betreuung, die ich im St. Cross-Krankenhaus erhielt, und für die Fürsorge und Liebe der Brüder und Schwestern aus der Gemeinde, die mich sehr viel besuchten. Selbst einige der Alten, die ich versorgt hatte, kamen und besuchten mich.

Dann wurde ich zum ersten Mal in einen Rollstuhl gesetzt. Davor hatte ich mich gefürchtet, weil ich glaubte, die Leute würden mich nicht mehr als vollen Menschen akzeptieren, wenn ich nun im Rollstuhl sitzen mußte. Ich konnte jetzt mit dem Rollstuhl in die Gemeinde gefahren werden, obwohl ich dort, meiner Kopfverletzung wegen, manchmal der Predigt nicht folgen konnte, so daß ich mich nach dem Gottesdienst elender fühlte als vorher. Von Zeit zu Zeit wurde auch

unter Handauflegung für mich gebetet, und Gott tröstete mich und gab mir immer neuen Mut. Manchmal wurde mein Herz auch von einer Gewißheit erfüllt, daß Gott mich heilen würde.

Während dieser Zeit im Rollstuhl wußte ich, daß mir noch drei weitere Operationen bevorstanden. Eine an der Basis der Wirbelsäule, die zweite im Nackenbereich, und mit der dritten sollten Glassplitter aus meinem Kopf entfernt werden, die die Ärzte auf einem Röntgenbild entdeckt hatten.

6. Kapitel

Erste teilweise Heilung

An einem Samstag hatten wir einen besonderen Gottesdienst in der Gemeinde, weil als Gastredner Bruder und Schwester Lloyd gekommen waren, die uns schon vor einiger Zeit im großen Segen gedient hatten.

Natürlich wurde auch ich im Rollstuhl zu dieser Versammlung gefahren. Doch es war einer meiner besonders schlechten Tage. Ich war sehr niedergeschlagen und glaube, ich wäre von mir aus nicht gegangen, hätte man mir nicht viel Mut zugesprochen und mich abgeholt, denn ich hatte große Schmerzen und fürchterliches Kopfweh.

Während ich im Rollstuhl saß, fühlte ich mich so armselig, nutzlos und krank, so daß ich das Wort Gottes gar nicht recht aufnehmen konnte. Satan schien sich über mich lustig zu machen, indem er mir zuflüsterte: „Was willst du eigentlich hier, du siehst doch aus wie ein Zombie."

So saß ich in meinem Rollstuhl, konnte der Predigt nicht folgen und wäre lieber daheim gewesen. Während der ganzen Versammlung plagten mich große Schmerzen. Seit dem Unfall konnte ich nur noch sehr undeutlich sprechen, doch jetzt spürte ich, daß mir die Stimme ganz versagte. Am Schluß kam der Aufruf des Predigers, alle Kranken, die Gebet wünschten, sollten nach vorn kommen. Jetzt wurde ich erst recht von Satan angegriffen. Ich konnte niemand bitten, mich nach vorn zu schieben, da ich nicht sprechen konnte.

Nun versuchte ich meine Arme zu bewegen oder ein Zeichen mit der Hand zu geben. Doch auch das ging nicht. Ich saß nur da und weinte. Mit dem Kopf versuchte ich Pastor Cunningham oder seine Frau auf mich aufmerksam zu machen. Das hatte endlich Erfolg. Ich wurde nach vorn geschoben.

Als Schwester Lloyd nun zu mir trat, spürte ich, daß sie erkannt hatte, in welch hoffnungslosem Zustand ich war. Satan versuchte noch immer zu verhindern, daß für mich gebetet wurde, wohl weil er ahnte, daß Gott etwas für mich tun wollte. Schwester Lloyd betete nun darum, daß all meine Sinne wieder voll funktionieren sollten, damit ich erfassen konnte, was gesagt wurde.

Ich konnte zu jener Zeit kaum stehen, denn ich trug eine feste Halskrause, wegen meines angeschlagenen Genicks, und ein Wirbelsäulenkorsett. Um überhaupt einige Augenblicke stehen zu können, mußte ich mich mit aller Kraft an meinen Krücken hochstemmen.

Nach dem ersten Gebet verspürte ich eine große Woge der Erleichterung. Ein tiefer Friede erfüllte mich plötzlich. Ich merkte, daß ich wieder reden konnte, wenn auch etwas langsam.

Daraufhin wurde weiter mit mir gebetet. Ich erfuhr, daß Bruder und Schwester Lloyd regelmäßig für mich gebetet hatten, seit sie von meiner Behinderung wußten. Die ganze Versammlung schien vom Heiligen Geist bewegt zu sein. Plötzlich redete Gott zu mir und befahl mir aufzustehen. Ich erhob mich energisch und stand, wobei ich mich nur ganz leicht an meinen Krücken festhielt. Dann sagte eine Stimme zu mir: „Lege die Krücken weg und nimm die Halskrause ab." Da erinnerte ich mich daran, daß ich zu Schwester Lloyd bei ihrem früheren Besuch gesagt hatte: „Ich muß dir meine Halskrause und meine Krücken geben."

Ich sagte, wozu die innere Stimme mich drängte, hatte aber Angst, hinzufallen, wenn ich die Krücken abgab. Doch Schwester Lloyd ermutigte mich und sagte: „Wir werden dich halten, wenn du fällst."

Also legte ich die Krücken beiseite und nahm die Halskrause ab. Im ersten Augenblick war mir, als würde mein Genick durchhängen, weil es keine Stütze mehr hatte. Doch dann war alles in Ordnung. Noch einmal wurde für mich gebetet, und ich spürte, wie die Kraft Gottes durch meinen Körper strömte. Ich brach unter der Kraft des Heiligen Geistes zusammen und lag einige Zeit auf dem Boden.

Als ich wieder zu mir kam, spürte ich, wie man mir auf die Füße half. Nun machte ich, noch mit leichter Unterstützung von Bruder und Schwester Lloyd, aber ohne Halskrause und Krücken, die ersten Schritte. Ich ging dann sehr langsam und ein wenig ängstlich den Mittelgang hinunter und wieder zurück.

Ich fühlte mich so befreit, weil Gott meine Heilung begonnen hatte. Trotzdem benötigte ich noch den Rollstuhl, da ich mich sehr schwach fühlte.

Diese erste Heilung geschah am Samstagabend. Am Sonntag hatten wir im Evangelisationsgottesdienst Pastor Philip Bateman zu Gast. Ich spürte, daß ich wieder nach vorn gehen sollte, um mit mir beten zu lassen. Zu meiner Überraschung und mit Gottes Hilfe kam ich allein aus dem Rollstuhl heraus und humpelte auf meinen Krücken nach vorn. Bruder Bateman erkannte meinen Zustand und legte mir sofort die Hände auf. Er betete im Namen Jesu für meine völlige Heilung. Wieder spürte ich, wie ein Strom von Wärme durch meinen Körper, den Nacken, die Wirbelsäule und die Beine ging.

Ich erinnere mich, daß ich von meinem Stuhl aufstand und solche Kraft in meinen Beinen verspürte, daß ich zur Eingangstür und zurück buchstäblich rannte. Ich freute mich unbeschreiblich und war glücklich, denn ich wußte, daß Gott meine Heilung begonnen hatte.

Am nächsten Tag erhielt ich einen Anruf, ich solle nochmals zu einer weiteren Opera-

tion ins Krankenhaus kommen. Ich rief zurück und erklärte den Leuten, daß ich bereits auf dem Weg der Heilung sei. Da schlug man mir vor, doch wenigstens den Termin einzuhalten, um mich nochmals gründlich untersuchen zu lassen.

Im Krankenhaus wurde ich von Dr. Whatmore, dem Chirurgen aus Coventry, untersucht. Irgendwie kam mir selbst alles recht seltsam vor. Als ich kürzlich das Krankenhaus verlassen hatte, trug ich eine steife Halskrause und ein Gipskorsett, mußte mich mühsam und mit Hilfe anderer auf Krücken bewegen und wurde im Rollstuhl gefahren. Und jetzt spazierte ich, zwar sehr langsam, aber doch ohne jegliche Hilfe, in das Krankenhaus. Die Schwestern, die meinen ursprünglichen Zustand kannten, waren aufs höchste überrascht.

Röntgenaufnahmen wurden gemacht, und die Ärzte waren ratlos. Irgend etwas Merkwürdiges hatte stattgefunden. Ich wußte natürlich, daß Gott ein Wunder an mir getan hatte. Alles, was nun noch nötig sei, meinten die Ärzte, war eine kleine Korrektur an der Wirbelsäule. So durfte ich am nächsten Tag schon wieder nach Hause gehen. Man gab mir im Krankenhaus den Namen: „Die Wunderfrau – wir wissen nicht, wie sie es gemacht hat.“ Aber ich wußte sehr wohl, daß Gott es getan hatte.

Nach einigen Wochen der Erholung, die wegen meiner allgemeinen Schwäche noch notwendig waren, ging ich wieder zurück an meine Arbeit als Altenpflegerin.

Doch ich war innerlich beunruhigt, denn in den letzten Gottesdiensten, die ich besuchte, hatte Gott mich innerlich angesprochen und mir klargemacht, ich solle meine Arbeit im Altenwohnheim aufgeben und mich noch mehr auf die jungen Leute in unserer Gemeinde konzentrieren. Irgendwie verstand ich es nicht ganz, denn ich arbeitete doch schon in der Sonntagsschule und in der Jugendstunde am Mittwochabend mit. Aber Gott wollte vielleicht, daß ich mich ganz dieser Arbeit widmete.

Das Problem war nur, daß ich durch die Arbeit im Altenwohnheim ein gutes Einkommen, eine schöne Wohnung, ein Telefon und auch ein Auto hatte. Ich hatte also alles, was ich mir wünschen konnte.

Warum will Gott, daß ich dies alles aufgebe? fragte ich mich. Ich setzte mich doch trotz meiner durchgemachten Krankheiten und meiner Behinderungen in der Gemeindearbeit mehr ein als viele andere. Sicherlich würde Gott verstehen, wenn ich noch ein paar Jahre als Altenpflegerin arbeitete; wenigstens so lange, wie die Kinder noch im Hause waren. Doch dann mußte ich eine Lektion lernen, die ich nie wieder vergessen habe.

Zwei Tage später hatte ich einen heftigen Herzanfall und wurde schnellstens wieder ins Krankenhaus gebracht, und zwar auf die Intensivstation. Als unser Pastor mich besuchen kam, fand er mich mit vielen Schläuchen an alle Sorten von Apparaten angeschlossen.

Ich erzählte ihm, was Gott mir gesagt hatte

und daß ich der Meinung sei, dieser Herzanfall sei Seine Erinnerung daran.

„Jean“, sagte der Pastor, „ich hatte schon länger das Gefühl, du solltest deine bisherige Arbeit nicht mehr so voll weiter tun wie bisher, denn dadurch ist bei dir ein geistlicher Rückgang eingetreten.

Ich betete sehr darüber und sagte dann: „Herr, wenn ich hier herauskomme, werde ich meine Arbeit aufgeben und mich ganz Deinen Wünschen zur Verfügung stellen.“ Aber ich muß zugeben, daß ich dabei immer noch zögerte. Doch zwei weitere Herzanfälle, die ich noch während des Krankenhausaufenthalts hatte und die bei mir eine Angina pectoris zurückließen, brachten mich zu dem festen Entschluß, nur noch für den Herrn zu arbeiten.

Ich schrieb also mein Kündigungsschreiben an das Sozialamt, was dort mit großem Bedauern und nur sehr zögernd angenommen wurde.

7. Kapitel

Wohnungswechsel

Da ich meine Arbeit als Altenpflegerin aufgegeben hatte, mußten wir auch die Dienstwohnung im Altenwohnheim räumen. Wir bekamen von den Behörden eine Wohnung in der Newbold-Straße angewiesen. Dort wohnten wir etwa ein Jahr. Während dieser Zeit verschlechterte sich mein Gesundheitszustand wieder rapide. Das Haus und seine Umgebung waren sehr feucht, so daß ich in diesem Jahr siebenmal wegen Bronchitis und Angina pectoris behandelt werden mußte. Das Atmen fiel mir immer schwerer.

Die Newbold-Straße lag sonst in einer sehr schönen Gegend, und auch die Menschen dort waren recht nett. Doch ich hatte jetzt ziemlich weit zur Kapelle unserer Gemeinde, und auch der Autobus fuhr nur zu sehr ungünstigen Zeiten. Mir war es nicht recht, daß mich entweder der Pastor oder seine Frau zweimal in der Woche zu den Gottesdiensten abholen und wieder nach Hause bringen mußten. Aus meiner Sicht war das eine zu große Belastung

für sie. Doch da mir das Atmen immer schwerer fiel, konnte ich allein keine großen Entfernungen mehr zurücklegen.

Zwischenzeitlich wurde, wie ich befürchtet hatte, eine dritte Wirbelsäulen-Operation nötig, um den Druck, der durch die zweite Operation ausgelöst worden war, zu mindern. Zu meiner Erleichterung erholte ich mich aber sehr schnell davon.

Während einer Gebetsversammlung spürte ich, wie jemand die Hand auf meine Schulter legte. Ich hatte gerade einen Angina-pectoris-Anfall und bekam kaum noch Luft. Ich drehte mich zu der Schwester hinter mir um und fragte: „Hast du mich an der Schulter berührt? Möchtest du etwas von mir?“

„Nein, Jean“, antwortete sie. „Doch ich habe gerade für dich gebetet. Vielleicht hat der Herr dich angerührt.“

Mir wurde klar, daß der Herr erneut zu mir geredet hatte. Es bestätigte sich wieder einmal, daß der Herr mit Seinen wunderbaren Heilungskräften gegenwärtig ist, wenn zwei oder drei versammelt sind.

Ich trug ein Herzpflaster, das täglich gewechselt werden mußte. Es war eine primitive Art von Herzschrittmacher. Außerdem mußte ich ein Inhaliergerät verwenden, da meine Atmung sich zusehends verschlechterte.

Am nächsten Sonntag, während des Abendmahls, stellte ich meinen Herzregulator gerade wieder ein. Da war mir, als würde eine Stimme zu mir sagen: „Du benötigst die-

ses Ding in Zukunft nicht mehr." Ich nahm es ab und habe es bis heute nicht mehr gebraucht. Den Inhalator allerdings mußte ich immer noch verwenden, sobald ich wieder Bronchitis bekam.

Mein Arzt meinte, ich sollte aus der Newbold-Straße wegziehen. Würde ich noch lange in der Gegend bleiben, müßte ich wegen der Zunahme der Bronchitis bald wieder ins Krankenhaus. Der Umzug kam sehr rasch. Wir zogen in ein neues Haus in der Oliver-Straße, die näher am Stadtzentrum und nur einen Steinwurf weit von der Gemeinde entfernt liegt.

Nach einiger Zeit nahmen dann meine Rückenschmerzen wieder zu und wurden bald schlimmer als je zuvor. Um das Maß vollzumachen, traten auch noch Gedächtnisausfälle ein. Ich bekam Herztabletten, die ich regelmäßig nehmen mußte. Doch durch das Einnehmen der vielen verschiedenen Tabletten ließ meine Sehfähigkeit nach. Ich begann mich zu fragen, warum mir dies alles passieren mußte.

Ich konnte weder in der Bibel noch im Liederbuch mehr lesen. Mein großer Trost war, daß ich in der Vergangenheit sehr viel vom Wort Gottes auswendig gelernt hatte.

Doch es kam noch schlimmer. Ich mußte wieder ins Krankenhaus. Dort mußte ich flach auf einer harten Unterlage liegen und an Gewichten hängen, wurde fortwährend behandelt und bekam regelmäßig Schmerzspritzen. Ärzte und Schwestern gaben sich die

größte Mühe. Doch nach sechs Monaten wurde ich dann wieder in das Krankenhaus nach Coventry überführt. Dort teilte man mir mit, daß alle weiteren Behandlungen nur unter großem Risiko ausgeführt werden könnten. Weitere Operationen kamen nicht in Frage, da sie das Risiko einer Totallähmung in sich bargen.

Das war ein furchtbarer Schlag für mich. Ich konnte jedes Hilfsmittel haben — Rollstuhl, Krücken und Schmerzmittel soviel ich wollte. Doch was war das für ein Leben? Ich hatte sogar einen speziellen Toilettensitz und eine spezielle Ausstattung im Bad. Meine notwendigste Hausarbeit verrichtete ich, indem ich mich an Krücken durch die Wohnung schleppte.

Kochen war so gut wie unmöglich. Arbeiten, die sonst nur wenige Minuten in Anspruch nahmen, dauerten jetzt eine Stunde und länger. Die Schmerzen wurden dabei zeitweise so stark, daß ich laut schrie. Ich hatte auch schon in der Gemeinde und auf der Straße vor Schmerz geschrien, so daß mich manche Leute seltsam anblickten.

Ich saß natürlich wieder im Rollstuhl, obwohl ich mich allein auch damit nicht mehr fortbewegen konnte, weil ich in den Armen keine Kraft mehr hatte.

Wieder einmal sagte mir mein Arzt, daß er nichts mehr für mich tun könne. Welch auferbauende Nachricht, dachte ich. Mein Doktor war sehr freundlich und gab sich die größte Mühe. Doch ich spürte, daß mir nur noch ein Wunder helfen konnte. Meine

Hoffnung sank auf den Tiefpunkt. Wäre ich kein Christ gewesen, hätte ich mir wahrscheinlich das Leben genommen.

Manchmal dachte ich, es sei verrückt von mir, noch zu den Gottesdiensten zu gehen, weil ich mir dadurch nur noch mehr Probleme schuf. Es war, wie George es mir gesagt und mich dadurch verärgert hatte. Doch als er mein Vertrauen und meinen Glauben in Gott erkannte, änderte er seine Haltung und trug gemeinsam mit seiner Frau viel dazu bei, mir immer neue Hoffnung auf Heilung zu geben.

Als letzten Versuch hatte ich einen Termin bei einem bekannten Spezialisten, Dr. Stephen Eisenstein. Nach gründlichen Untersuchungen erklärte er mir, in welch fürchterlichem Zustand sich meine Wirbelsäule befand. Außerdem habe sich dadurch meine Hüfte verschoben, was nur durch eine sehr große Operation, die mit großem Risiko verbunden war, wieder geändert werden konnte. Dadurch war mein linkes Bein um etwa fünf Zentimeter kürzer, und mein rechtes Bein verkrümmte sich immer mehr, weil es die meiste Last zu tragen hatte.

Ich hoffte auf diese letzte große Operation. Doch bald wurde mir klar, daß sie wegen meines schwachen Herzens, der Bronchitis und der Angina pectoris kaum möglich war. Doch meine Schmerzen waren so schlimm, daß ich nach jedem Strohhalm griff.

In der ganzen Zeit lehrte Gott mich, demütig zu sein und mit anderen mitzufühlen. Ich entdeckte, daß ich mehr Liebe für andere

Leidende empfand als je zuvor. Gott gab mir die Kraft, alles zu tragen, was Er zuließ. Und der Tag meiner Heilung rückte näher. Ich bin froh, daß wir Christen einen „Wunderdoktor" haben, nämlich Jesus Christus. Die Medizin weiß nicht alle Antworten, aber Er!

Hier möchte ich auch einmal allen Gliedern unserer Gemeinde für ihre Hilfe und ihr Verständnis danken, ganz besonders aber Pastor Cunningham und seiner Frau, die mich so oft und mit soviel Geduld mit dem Auto fuhren, während ich unter Schmerzen in das Fahrzeug ein- oder ausstieg. Sie wußten dabei, daß der geringste Fehler ihrerseits mir laute Schmerzensschreie entlocken würde.

In einer Samstagnacht hatte ich einen sehr deutlichen Traum. In allen Einzelheiten sah ich, wie ich operiert wurde. Ich vernahm dabei, wie die Ärzte und Schwestern sich unterhielten. Sie sagten, ich müsse sterben, wenn sie sich nicht beeilen würden. Dann kam meine ganze Familie zum Krankenhaus, und es wurde ihnen mitgeteilt, es sei zu spät gewesen.

Zwei Nächte später hatte ich den gleichen Traum nochmals. Ich erzählte Pastor Cunningham und seiner Frau davon und hatte nun große Angst vor der Operation. Auch der Pastor meinte nun, es sei wohl nicht richtig, die Operation vornehmen zu lassen, obwohl er mir vorher zugeredet hatte.

Doch Gott zeigte mir in Seiner Barmherzigkeit neben diesen schlimmen Träumen noch einen anderen Traum. Doch von diesem möchte ich im nächsten Kapital reden.

8. Kapitel

Die Heilung

Bevor ich den Traum beschreibe, möchte ich noch auf ein anderes Ereignis eingehen. Der Evangelist Banks hielt mehrere Versammlungen in Daventry. Es ist bekannt, daß Gott, wenn der Evangelist seine Hände auf die Kranken legte, dadurch schon viele große Wunder getan hat. Ich bekam die Gelegenheit, nach dort zu fahren, und entschied mich, sie wahrzunehmen.

Drei Abende half mir mein glaubensvoller Pastor in sein Auto und fuhr mich. Die Schmerzen waren stärker als je, und ich wurde immer unbeweglicher. Jeden Abend betete Pastor Banks für mich.

Es gab Fortschritte. Ich begann ohne Krükken zu humpeln. Doch immer noch ging ich schief und hatte Schmerzen bis zur dritten Versammlung am Freitagabend. An diesem Abend waren auch meine Freunde Jean und George dabei, die bestätigen können, daß ich meinen Rollstuhl verließ.

In dieser ermutigenden Phase hatte ich

den Traum. Ich bin vorher noch nie im „Nationalen Ausstellungs-Zentrum" (NEC) in Birmingham gewesen, doch eines Nachts sah ich diesen Ort. Zwölftausend Menschen fanden dort Platz. Reihen von Rollstühlen waren vor dem Podium aufgefahren. Ich sah den Evangelist Reinhard Bonnke, wie er zu einer Frau, die im Rollstuhl saß, ging und für sie betete. Sie erhob sich zögernd und setzte sich wieder. Nochmals betete er für sie. Sie erhob sich und begann langsam und bedächtig zu gehen.

In meinem Traum war ich als Nächste dran. Es wurde für mich gebetet. Ich spürte, wie die Kraft Gottes durch meinen Körper strömte. Ich stand aus meinem Rollstuhl auf und rannte, rannte, rannte! Lebhaft sah ich, wie mich das Wort *Schmerz* wie ein bedrohlicher Feind verfolgte. Mein Traum endete mit Freudentränen um mich herum. Alle lobten den Herrn.

Der große Tag ist da – der 12. März 1988

Eine große Pfingstversammlung war für diesen Tag im NEC angekündigt. Mein Mann erhielt einen Krankenwagen, um mich und eine Gruppe junger Leute aus der Gemeinde von Rugby nach Birmingham zu fahren, wo Reinhard Bonnke sprechen sollte. Sie fuhren mich in die Halle, und ich saß in meinem Rollstuhl mitten in einer Reihe anderer Rollstühle.

An diesem Tag gab es zwei Gottesdienste, am Nachmittag und am Abend. Dazwischen war eine Teepause. Als der Abendgottesdienst begann, wirkte das Wort Gottes mächtig. Es war hauptsächlich an die jungen Leute gerichtet. Hunderte von jungen Leuten kamen nach vorn und übergaben ihr Leben Jesus Christus. Dabei warfen sie Zigarettenschachteln und Drogen auf die Plattform, als sie dazu aufgefordert wurden.

Sie wurden zu einem seelsorgerlichen Gespräch nach draußen gebeten — und dann! Während dieser Zeit lobte und pries ich Gott, denn auch zwei Jugendliche aus unserer Gemeinde waren nach vorn gegangen, um ihr Leben Christus zu übergeben.

Pastor Bonnke sagte: „Ich möchte jetzt für die Kranken beten. Wer ist es leid, krank zu sein?"

Ich betete: „Herr, wenn ich heute abend nicht geheilt werde, gebe ich Dir trotzdem die Ehre, weil diese zwei jungen Leute sich bekehrt haben." Ich hatte alles andere um mich herum vergessen.

Eine Frau vor mir bekam den ermutigenden Zuspruch von Pastor Bonnke, sie würde geheilt werden. Genau wie ich es im Traum gesehen hatte, stand die Frau ohne Hilfe auf und setzte sich wieder. „Steh auf und gehe im Namen Jesu!" sagte Pastor Bonnke. Sie schüttelte den Kopf, stand zögernd aus ihrem Rollstuhl auf und setzte sich wieder. Erneut wurde für sie gebetet, dann stand sie langsam und unsicher auf und ging nach vorn.

Unterdessen hatte ich meine Augen geschlossen und fühlte auf einmal zwei Hände auf meiner Schulter. Eine Stimme sagte: „Öffne die Augen." Da stand Pastor Bonnke und sagte: „Ich glaube, daß der Herr heute abend etwas Mächtiges vollbringen wird." Ich erzählte ihm nichts von meinem Traum.

Plötzlich wurde mein Körper noch steifer als vorher. Ich betete innerlich: „Gut, Herr! Wenn Du mich aus diesem Rollstuhl haben willst, dann mußt Du etwas Mächtiges tun. So wie ich mich jetzt fühle, bin ich absolut nicht in der Lage, herumzurennen, wie ich es im Traum gesehen habe."

Er betete wieder für mich. Ich stand aus dem Rollstuhl auf und fiel zu Boden, mit einem unwahrscheinlich Frieden in mir. Pastor Bonnke fragte: „Wie fühlst du dich?" Ich antwortete: „Geradeso, als wenn ich nach der Operation aus der Narkose erwache."

„Schau auf niemand, denke an niemand", sagte er. „Denke nur an Jesus! Richte all deine Gedanken auf den Herrn!" Wieder betete er und sagte dann: „Im Namen Jesu — gehe!"

Ich nehme an, ich war verblüfft, als man mir sagte, daß ich gehen solle, ohne Krücken, ohne alles.

Mein Mann ängstigte sich. Ihm wurde aber versichert, alles sei in Ordnung, denn Pastor Bonnke und die anderen wären ja da, um einzugreifen, wenn etwas schiefginge.

Nochmals wurde für mich gebetet. Und in diesem Augenblick spürte ich, wie eine feurige Kraft durch meinen Körper strömte. Es

fühlte sich an, als würde mein verkürztes Bein zur normalen Länge gestreckt. Meine Hüften bebten, und ich spürte, wie sie sich geraderichteten. Ein heißer, ziehender Schmerz rann meine Wirbelsäule hinunter. Ich stand nun ganz allein, ohne irgendeine Hilfe. Mein Mann rief laut: „Sie wird fallen! Sie wird fallen!"

Plötzlich, als wäre hinter mir etwas explodiert, begann ich zu rennen. Ich rannte und rannte und pries dabei bei jedem Schritt, den ich machte, laut den Herrn. Tränen strömten über mein Gesicht. Alles, was ich jetzt wollte, war, meinen Pastor, seine Frau und die Gemeindeglieder zu finden. Und dann mußte ich auch meinen Mann wiederfinden.

Menschen freuten sich, weinten und priesen den Herrn Jesus. Es schien mir, als seien alle 12 000 Anwesenden von meinem Glück ergriffen.

Nun wurde ich von Pastor Bonnke gesucht. „Wohin ist diese Frau verschwunden?" rief er. Ich ging mit meinem Mann zurück zur Plattform. Uns beiden liefen die Freudentränen über das Gesicht. „Ich möchte dich niemals wieder so verkrüppelt sehen", flüsterte er mir zu.

Dann erzählte ich Pastor Bonnke, der mich ja überhaupt nicht kannte, von meinen vielen Operationen und allen anderen Krankheiten. Er bat mich, zusammen mit meinem Mann meinen Rollstuhl auf die Plattform zu bringen. An der Rückseite der Plattform waren einige Stufen, die ich ohne Schwierigkeiten

bewältigte. Ich war total frei von allen Leiden, Schmerzen und aller Steifheit in meinen Gelenken. So kamen wir mit dem Rollstuhl auf die Plattform, tief berührt von dem, was Gott an mir getan hatte. Tränen rannen immer noch über unsere Gesichter – doch es waren Tränen der Freude.

Dann sprach mich Reinhard Bonnke an und fragte, wie lange ich schon im Rollstuhl gesessen hätte. Anschließend sagte er zu meinem Mann: „Du hast deine Frau in diesem Rollstuhl zwei Jahre lang herumgeschoben, nehme ich an. Nun, jetzt kann sie dich herumschieben." Er umarmte ihn und fügte hinzu: „Ich habe das natürlich nicht ernst gemeint. Es tut nur gut, zu sehen, was der Herr getan hat."

Mein Mann antwortete, daß er sich in der Gegenwart Gottes und Pastor Bonnkes sehr entspannt fühlte. Er war in der Lage, trotz der vielen Menschen, recht frei zu sprechen.

Dann bezeugte ich allen Menschen, wie krank ich gewesen war und wie lange ich hatte leiden müssen. Ich berichtete von allen Operationen und erzählte, was Gott an mir getan hatte. Reinhard Bonnke erklärte, daß er durch den Heiligen Geist daran erinnert wurde, daß die Frau, die er in einem Gesicht gesehen hatte, geheilt werden würde. Deshalb hatte er so zuversichtlich mit meiner Heilung gerechnet.

Dann stand ich für einige Augenblicke nur da und pries laut den Herrn Jesus und begann über die Plattform zu springen. Ich war so

ermutigt, weil ich spürte, wie meine Kräfte immer mehr wuchsen, und ich wußte, daß ich frei war von allen Schmerzen. Als ich, von Pastor Bonnke ermutigt, nochmals über die Plattform hüpfte, stand die ganze Menschenmenge auf, begann zu beten und Loblieder anzustimmen.

Wieder liefen mir Freudentränen aus den Augen. Je bewußter mir wurde, was an mir geschehen war, desto mehr davon rollten über meine Wangen. Dabei wurde mir erst recht bewußt, daß ich von einer ganzen Reihe von Krankheiten auf einmal geheilt worden war. Das große Wunder, das an mir geschah, war die Heilung von *sieben Krankheiten zur gleichen Zeit.* Ich dachte: Wenn Gott etwas beginnt, macht Er hundertprozentige Arbeit. Er erfüllt noch immer alle Seine Verheißungen.

Die Freudenrufe und Freudengesänge gingen weiter, und ich vergaß sogar, daß ich den Rollstuhl mitgebracht hatte. Man mußte mich daran erinnern, daß er noch immer hinter der Plattform stand. Ich wollte wirklich nichts mehr damit zu tun haben. Doch dann fiel mir ein, daß ich ihn ja wenigstens zurückgeben mußte.

Menschen kamen auf mich zu und umarmten mich. Ich erinnere mich an einen jungen Mann, der zu mir sagte: „Ich habe zu Gott gesagt: ‚Herr, ich bin nun schon so lange Christ, aber ich sehe nicht, was dabei herauskommt.' Doch heute hat Er mir etwas so Mächtiges gezeigt, um meinen Glauben wieder zu stärken. Hätte ich deine Heilung

nicht miterlebt, wäre ich wahrscheinlich wieder in die Welt zurückgegangen." Mit Tränen in den Augen fügte er hinzu: „Jean, ich möchte Gott nicht noch einmal herausfordern. Er ist mir größer und mächtiger geworden als je zuvor. Ich will mich Ihm noch mehr weihen und noch mehr für Ihn arbeiten."

Dieser junge Mann ist ein Beispiel für Tausende von anderen Menschen, die durch das Wunder, das sie miterlebten, tiefer in ihren Glauben an Gott geführt wurden. Pastoren und Leiter aller Denominationen haben seitdem bekundet, daß sie voller Freude über das sind, was sie miterleben durften.

Nachdem ich noch mit vielen Reportern gesprochen hatte, drängte ich mich zu unserem Krankenwagen durch, um endlich nach Hause zu fahren. Am Auto standen alle unsere Leute. Sie hatten auf mich gewartet und glaubten schon, ich sei verloren gegangen. Alle freuten sich mit mir. Selbst die jungen Leute waren tief bewegt, weinten vor Freude und riefen immer wieder: „Jean, du bist geheilt!"

Worte waren hier nicht angebracht. Ich konnte nicht erklären, wie mir zumute war. Ich fragte mich, was wohl mein Mann empfand, während wir nach Hause fuhren. Er hatte mich an einem meiner schlechtesten Tage im Rollstuhl in das NEC gefahren. Jetzt fuhr er mich nach Hause, den Rollstuhl zusammengefaltet und ich frei von allen Schmerzen und Behinderungen.

Als wir daheim ankamen, ging ich ins Haus und rannte die Treppe hinauf. Meine

17jährige Tochter und ihr Freund standen da und bekamen den Mund nicht mehr zu, so sehr staunten sie. Meine Tochter fragte: „Mama, was ist denn geschehen?" Ich erklärte ihr alles, hatte aber den Eindruck, sie war nicht in der Lage, es richtig zu fassen. Sie konnte kaum glauben, was sie sah.

Ihr Freund, offensichtlich geschockt, sagte: „Ich verstehe das alles nicht. Du mußt mir das genauer erklären. Ich habe von so etwas noch nie gehört."

Dann kam mein Sohn nach Hause. Er war ebenso verblüfft, mich normal und ohne Schmerzen herumlaufen zu sehen. Er stellte auch sofort fest, daß der leidende Ausdruck in meinem Gesicht verschwunden war. Wie ein Sonntagsschüler sagte er: „Mutter, du warst alt, aber jetzt bist du wieder jung!" Das qualvolle Gesicht, das verkürzte Bein, die verformte Hüfte und der verkrümmte Rücken — alles war verschwunden. Ich bin sicher, daß ich für jedermann wie eine neue Frau ausgesehen habe.

Alles, was ich möchte, ist, Gott für das zu danken, was Er an mir getan hat, und allen Menschen davon zu erzählen. Ich weiß, daß ich auch für eine teilweise Heilung dankbar gewesen wäre. Aber der Herr hat mich wie neu gemacht.

Am nächsten Tag, dem Sonntag, den ich immer als Tag der Ruhe und des Gebets hielt, ging ich voll großer Freude und festen Schrittes den knappen Kilometer bis zur Gemeinde, um zur Gebetsversammlung um 9 Uhr dort

zu sein. Auf dem Weg sang ich und pries den Herrn aus übervollem Herzen. Ich wollte meine Beine gebrauchen und gehen, gehen, gehen! Es war großartig, die Kapelle auf eigenen Füßen zu betreten. Niemand brauchte mir zu helfen, kein Rollstuhl und keine Krükken als Unterstützung.

Ich werde nie die überraschten Gesichter der Kinder vergessen, als sie in die Sonntagsschule kamen. Später kam mir zu Ohren, daß einige von ihnen ihre Freunde und Verwandten einluden, damit sie ihre Lehrerin sehen sollten, die alt gewesen war und nun wieder jung ist.

Selbst meine Enkel rannten zum Auto, nachdem die Sonntagsschule beendet war, und riefen meiner Tochter zu: „Mami, du solltest unsere Omi sehen. Sie war alt, aber jetzt ist sie wieder jung und kann herumspringen. Sie ist jetzt wirklich schön. Ihr geht es gut, und Jesus hat sie in Birmingham geheilt. Sie kann uns jetzt hochheben und umarmen."

Ich fühlte einen Kloß im Hals, denn ihre Worte erinnerten mich daran, daß ich noch nie in der Lage gewesen war, sie auf die Arme oder auf die Knie zu nehmen und mit ihnen zu spielen. Wie alt muß ich ausgesehen haben, dachte ich, wenn die eigenen Enkel solche Bemerkungen machen — wie eine alte, verkrümmte Frau. Natürlich waren sie darüber verwundert, daß ich nun aufrecht gehen und sogar rennen konnte.

Auch alle anderen Menschen, die mich seit Jahren kannten, trauten ihren Augen kaum,

wenn sie mich auf der Straße laufen und manchmal sogar rennen sahen.

Am Freitag, der auf meine Heilung folgte, war mein üblicher Besuch beim Arzt fällig. Als ich das letzte Mal bei ihm war, hatte ihn mein Zustand sehr beunruhigt. Als ich die Praxis betrat, war die Arzthelferin sehr erstaunt. Zuerst wußte sie gar nicht, was sie sagen sollte. Sie war noch ziemlich neu, kannte aber meinen Fall.

Dann wurde mein Name aufgerufen, und ich ging in Dr. West's Sprechzimmer. Er ging einen Schritt zurück, als er mich so lebhaft, ohne Hilfe und gut aussehend hereinkommen sah. Zuerst war er sprachlos, dann sagte er: „Jean, was ist geschehen? Ich weiß, daß Sie einen Termin im Oswesstry Krankenhaus hatten, aber die können Sie niemals so schnell geheilt haben."

„Die im Krankenhaus waren es nicht", antwortete ich. „Ich war bei einem anderen Arzt. Sein Name ist Dr. Jesus. Er praktiziert schon seit Jahrhunderten und gibt niemals auf."

Ich danke Gott für alle Ärzte, Krankenschwestern und Spezialisten. Ich weiß, daß Gott ihnen eine Aufgabe gegeben hat, die Intelligenz und Fürsorge verlangt, um sich um die Kranken zu kümmern. Ich stehe für immer in der Schuld dieser Menschen. Ich glaube, daß Chirurgen erfahrene und geschickte Hände benötigen, um ihre schwierige Arbeit zu tun. Manche Ärzte und Chirurgen sagen, daß sie behandeln und operieren, aber Gott heilt.

Dr. West sagte zu mir: „Das ist sehr fein, Jean. Vor einigen Wochen sagte ich noch zu Ihnen, ich wünschte, ein Wunderdoktor zu sein. Offensichtlich haben Sie einen gefunden. Ich freue mich von ganzem Herzen für Sie."

Dann bat er mich, noch zu warten, weil er seinen Partner holen wollte, Dr. Scharmann, der mich auch manchmal behandelt hatte. Beide stimmten überein, daß ein Wunder geschehen war. Mein Aussehen und Zustand verrieten es. Dr. West sagte: „Ich muß wohl dem Krankenhaus schreiben, daß die Operation nicht mehr notwendig ist, weil eine göttliche Heilung stattgefunden hat."

Zwei Wochen später mußte ich zum Optiker, und zum ersten Mal seit vielen Jahren konnte ich die unterste Zeile auf der Tafel lesen. Sein Bericht gibt an, daß eine bemerkenswerte Verbesserung der Sehfähigkeit stattgefunden hat.

Den nächsten Termin hatte ich im St. Cross-Krankenhaus, um vom dortigen Chirurgen untersucht zu werden. Als ich dort ankam, bestanden die Pfleger darauf, daß ich von der Krankenschwester ins Behandlungszimmer gefahren wurde, obwohl ich zum Krankenhaus gelaufen war. Die Schwester konnte sich kaum das Lachen verbeißen.

Als mich Dr. William in voller Größe und gesund hinter dem Rollstuhl stehen sah, war auch er verwundert. Er hatte mich erst kürzlich untersucht und danach gesagt, daß man nichts mehr für mich tun könnte. Ich erzählte ihm, was geschehen war, und ohne zu zögern

zog er meine Karteikarte heraus und sagte: „Jean, Sie brauchen nicht wiederzukommen. Wir verstehen solche Heilungen nicht, aber ich weiß darum und habe schon von solchen Dingen gehört. Ich danke Gott, daß Sie eine so wunderbare Heilung erlebt haben." Damit wurde ich endgültig aus dem Krankenhaus entlassen.

9. Kapitel

Was bringt die Zukunft?

Es gibt skeptische Leute auf dieser Welt, die sagen: „Ich glaube nur, was ich sehen kann." Ich möchte diesen Leuten von mir erzählen, weil sie bei mir das Ergebnis sehen können. Doch selbst wenn man ihnen Einzelheiten berichtet, kann man immer noch Unglauben in ihren Augen erkennen. Und manche wollen einfach nicht glauben.

Wie dem auch sei – die Leute in Rugby kannten mich mit meinen Krücken und dem Rollstuhl von der Straße, von der Gemeinde und auch von den Kinder-Ferienspielen und meiner Altenpflege. Wenn sie mich jetzt laufen sehen, fangen sie an sich zu fragen, welcher Arzt in so kurzer Zeit eine so erstaunliche Heilung vollbracht hat. Sie erhalten keine befriedigende Antwort darauf, es sei denn, daß sie an Wunder glauben. Und die, die das verstehen, wissen, daß es nur der Herr Jesus Christus getan haben kann. Auf jeden

Fall gibt es auch den Zweiflern genügend Stoff zum Nachdenken, denn diese Heilung ist der lebendige Beweis dafür, daß Gottes Wort wahr ist.

Gott hat mir durch diese Heilung auch viele Gelegenheiten geschenkt, Ihm in vermehrter Weise zu dienen. Ich bin jetzt in der Lage, in das St. Cross-Krankenhaus zu gehen und dort den Schwestern und Pflegern zu helfen, die mich selbst einmal betreut haben. Ich lag dort leblos im Bett, fühlte mich schwach und hatte ständig Schmerzen. Jetzt kann ich andere, die in den gleichen Betten liegen, trösten und ihnen von der Kraft Gottes erzählen und von dem, was Er für mich getan hat.

Ich kenne die Schmerzen, die diese Menschen erdulden müssen. Gott hat mir Gesundheit geschenkt, um ihnen zu helfen und die zu trösten, die leiden. Ich diene diesen Menschen und bete für sie. Es scheint ihre Schmerzen zu erleichtern, wenn sie von meinem vergangenen Leben erfahren.

Ich spüre, daß Gott noch weitere Türen für mich öffnen wird, damit ich noch in vielen christlichen Gemeinden in ganz verschiedenen Städten und Ländern für Ihn zeugen kann. Von Zeit zu Zeit sprechen mich die Leute auf der Straße an, und ich erzähle ihnen genau, wie ich gesund geworden bin. „Gott hat ein Wunder an mir vollbracht", sage ich ihnen.

Während ich einmal mit meinem Enkel im Caldecotepark in Rugby spielte, sprach mich ein junges Ehepaar an. Sie hatten mich auf-

grund der Zeitungsberichte wiedererkannt. Mein kleiner Enkel Roy erzählte ihnen mit großer Sicherheit: „Meine Oma hat den Ärzten viel Geld bezahlt, aber sie konnten gar nichts für sie tun und haben sie nicht gesund gemacht. Aber wißt ihr, Jesus hat kein Geld genommen, aber Er hat sie gesund gemacht." Und der kleine Dreijährige plapperte mühsam dazu: „Ich hab Jesus lieb, weil Er meine Omi gesund gemacht hat und kein Geld dafür genommen hat. Ich liebe Ihn, weil meine Omi jetzt mit mir spielen kann und wieder jung und hübsch ist. Vorher war sie alt und häßlich."

Da von dem Gottesdienst mit Pastor Bonnke in Birmingham Video-Aufnahmen gemacht wurden, gibt es auch von meiner Heilung ein Video-Band. Kürzlich haben wir uns den Film im Familienkreis angesehen und auch die Nachbarn dazu eingeladen, die tief davon berührt waren und Tränen in den Augen hatten.

Als im Film die Stelle kam, wo ich weine und zu meinem Mann laufe, rief mein dreijähriger Enkel: „Omi, weine nicht, Jesus liebt dich und liebt mich. Jetzt geht es dir besser, und du kannst gehen und rennen." Dann bemerkte er, daß auch sein Großvater weinte und sagte: „Warum weinst du denn, Opa? Das ist doch blöd. Du warst doch nicht krank. Oma gehts doch wieder gut. Du solltest dich freuen und nicht heulen."

Seit langem schon spürte ich, daß Gott mich zum Dienst an Kindern berufen hat,

wahrscheinlich auch aufgrund meiner Kindheit im Heim. Mein Glaube an Seine vollmächtige Kraft wurde immer mehr gestärkt, und das Wort Gottes wurde in mir immer größer und lebendiger, so daß auch meine Zuversicht und mein Mut zunahmen und ich vor immer mehr Menschen Zeugnis gebe.

Wenn jemand immer noch zweifelt oder gar spottet, nachdem er dieses Buch gelesen hat, dem möchte ich zurufen: Hüte dich vor Zweifel und Spott!

An dem Tag, als die Geschichte von diesem Wunder Gottes im *Rugby Advertiser* (Lokalzeitung) veröffentlicht wurde, war mein Foto auf der Titelseite zu sehen. Ein junger Katholik, der in einer Fabrik arbeitet, spottete über das Bild und den Artikel. Aus meinem Rollstuhl machte er ein Go-Kart, zeichnete einen Heiligenschein über meinen Kopf und schrieb noch etwas dazu, nachdem er gelesen hatte, daß ich eine hingegebene Christin sei.

Plötzlich traf ihn die Kraft Gottes, und er fiel vom Stuhl. Er wurde so ernsthaft krank, daß er nach Hause gebracht werden mußte. Zwei Nächte wurde er von fürchterlichen Träumen geplagt und konnte nicht essen. Selbst das Wenige, das er zu sich nahm, erbrach er wieder. Er wurde so krank und unglücklich, daß seine Mutter in ihrer Verzweiflung meine Adresse suchte und ihren Sohn an einem Montag zu mir brachte. Offensichtlich waren sie eine religiöse Familie, und ihnen war gesagt worden, ihr Sohn habe eine heilige Frau verspottet. Im gewissen Sinne traf

dies ja zu, da ich doch ein Kind Gottes bin. Doch dieser junge Mann hatte ja nicht nur mich verspottet, sondern — und das war viel ernster — auch Gott und das, was Er an mir getan hatte.

Der junge Mann war gekommen, um mich um Vergebung zu bitten. Ich verzieh ihm gern, wies ihn aber darauf hin, daß er eigentlich Gott um Vergebung bitten müßte. Ich bin überzeugt davon, daß Gott zu ihm und zu seiner Mutter eindringlich geredet hat. Der junge Mann sagte: „Wenn ich irgendwann jemals wieder ein Foto von Ihnen sehe, dann wird mir das eine Warnung sein, jemals wieder Jesus Christus zu verspotten."

Meine Hoffnung ist, daß dies eine Warnung für jeden ist, der die Kraft Gottes, Seine heilenden Hände und Sein ganzes Werk verspottet. Denn was Gott getan hat, so wie es in der Bibel berichtet wird, vollbringt er auch heute noch. Gott ist auch heute noch so mächtig wie damals.

Inzwischen habe ich meinen Dienst im St. Cross-Krankenhaus begonnen, um dort den Kranken auf irgendeine Weise zu helfen. Ich bin dankbar, daß ich diese Arbeit für Gott tun kann und daß ich auch andere Gemeinden besuchen und dort von der Kraft Gottes erzählen darf. Ich bitte Gott immer wieder, daß ich meine Heilung nicht als etwas betrachte, das zu meinem Nutzen geschehen ist, sondern vielmehr zum Nutzen Gottes. Und jedesmal bin ich bestärkt darin, einzig und allein für Gott zu arbeiten.

Wenn Gott will, daß wir für Ihn arbeiten, dann möchte Er auch, daß wir dies bei voller Gesundheit tun. Manchmal, nehme ich an, führen wir Krankheiten in unserem Leben durch eigene Dummheiten herbei. Ich meine, daß ich meine Heilung in der Vergangenheit manchmal selbst behindert und meinen Körper nicht in der rechten Weise gebraucht habe. Jetzt bitte ich Gott, daß Er mich in allen Dingen leitet. Und ich selbst will niemals damit aufhören, Ihm die Ehre zu geben, die Ihm gebührt.

Ich danke Gott dafür, daß vor 32 Jahren nicht ich Ihn erwählt habe, sondern Er mich. Wenn ich mein Leben betrachte, wie Gott mich Tag für Tag, Woche für Woche und Jahr für Jahr geführt hat, dann weiß ich, daß Er ein Ziel in meinem Leben verfolgt hat.

Ich habe mich öfters von Ihm abgewandt, aber ich danke Ihm, daß Er uns niemals verläßt oder aufgibt. An dieser Stelle möchte ich den Vers zitieren, den man mir zu meiner Wassertaufe mitgegeben hat. *„Erkenne Ihn auf allen deinen Wegen, und Er wird gerade machen deine Pfade“* (Sprüche 3,6). Ich bin überzeugt davon, daß Er auch heute noch alle meine Pfade gerade macht, die ich gehen soll.

10. Kapitel

Gebet und Verkündigung

Nachdem wir begonnen hatten, dieses Buch zu schreiben, wurde Jean mit Einladungen überschwemmt, und mein Telefon stand nicht mehr still.

Von Jeans Heilung wurden im Fernsehen und Radio Sendungen gebracht, und auch viele Zeitungen berichteten darüber. Deshalb wurde das Leben für sie sehr hektisch. Aber der Dienst für Gott ist das auch wert. Ich bin sicher, daß durch Jeans Beispiel Gott noch viele andere Menschen zum Glauben für ihre Heilung ermutigen wird, und sie hat auch schon vielen Leidenden Hoffnung geben können.

In vielen Krankenhäusern hat ihre Verkündigung des Wortes Gottes vielen Kranken Freude und Glück beschert, und die Kranken und deren Besucher haben Jesus Christus am Wirken gesehen. Für manche war es sicherlich das erste Mal in ihrem Leben. Ich bin

überzeugt davon, daß Jean durch die Kraft Gottes geheilt wurde, damit sie anderen dienen und helfen kann, mehr und mehr Menschen zu Jesus Christus zu führen.

Jean betet in den Gottesdiensten, zu denen sie eingeladen wird, für viele Menschen, und ich bin immer sehr beeindruckt, welche wunderbare Atmosphäre in diesen Versammlungen herrscht.

Auch einige deutsche Zeitschriften haben schon von Jeans wunderbarer Heilung berichtet. Ich hoffe und bete, daß durch dieses Buch die Tatsache, daß Gott heute noch große Wunder tut und zu Seinem Wort steht, noch eine viel weitere Verbreitung findet.

Von *Christus für alle Nationen* ist ein Video-Band von der Versammlung in Birmingham hergestellt worden, das auch Jeans Heilung zeigt. Viele unserer Freunde aus allen Denominationen haben es gesehen. Sie sind alle durch die darauf enthaltene Botschaft des Glaubens und Vertrauens zu Gott sehr gesegnet worden. Sie waren über das wunderbare Wirken Gottes so begeistert, daß sich ihr Leben verändert hat.

Meine Frau und ich durften Jean, wenn sie in andere Gemeinden eingeladen wurde, bei verschiedenen Gelegenheiten begleiten. So war in der Baptistengemeinde in Stratford-upon-Avon die Kapelle bis auf den letzten Platz gefüllt. Viele Menschen erlebten in diesem Gottesdienst eine Begegnung mit Jesus, und eine ganze Reihe Besucher bezeugten, eine Heilung erlebt zu haben.

Am Nachmittag wurde Jean gebeten, ein krankes Gemeindeglied in Leamington Spa zu besuchen. Dieser Mann hatte eine sehr ernste Wirbelsäulenerkrankung und lag im Streckbett. Jean betete mit ihm, und gleich nachdem sie ihn verlassen hatte, konnte er aufstehen und zur Tür gehen. Eine Woche später besuchte er zum Erstaunen aller den Gottesdienst wieder.

Bei einer anderen Gelegenheit war die Kraft Gottes in der überfüllten Kapelle der Baptistengemeinde in Radford Semele sichtbar wirksam. Für eine ältere Frau, die an den Rollstuhl gebunden war, wurde gebetet, und sie erhob sich langsam aus dem Stuhl. Dann begann sie zögernd zu laufen. Mutiger und glaubensvoller werdend, lief sie bald in der ganzen Kapelle herum. Sie erzählte mir, daß sie nicht mehr aufhören könne mit Laufen und daß sie nie mehr in den Rollstuhl zurück wollte.

Jean hat inzwischen auch schon eine Reihe Gemeinden in Frankreich besucht und dort ihr Zeugnis von der wunderwirkenden Kraft Gottes weitergegeben, und sie hat auch Einladungen aus mehreren anderen Ländern vorliegen.

Auch wir selbst sind durch all das, was Gott an Jean getan hat, in unserem Glauben gewachsen und haben Jesus Christus besser kennengelernt. Wir haben vor allem auch gelernt, daß wir Gott viel mehr zutrauen dürfen, als wir meist denken. Es kommt darauf an, daß wir die Verheißungen der Bibel im Glauben

und Vertrauen für uns ganz persönlich in Anspruch nehmen.

Ich wünsche mir, daß dieses Buch dazu beiträgt, daß viele Gläubige in Sorgen, Problemen und Nöten neuen Mut fassen und nicht verzagen. Bringen Sie Ihre Anliegen vertrauensvoll zu Jesus Christus — Er wird helfen!

Darüber hinaus ist es mir ein großes Anliegen, daß viele Menschen, die an Gott und Seinem Wirken zweifeln, durch das Zeugnis dieser von Gott gewirkten Heilung erkennen möchten, daß Gott lebt, daß jeder Mensch Ihn braucht — auch Sie brauchen Ihn ganz persönlich — und daß jeder selbst durch Jesus Christus zu Ihm kommen muß.

Ich bete dafür, daß Gott Sie durch das Zeugnis dieses Buches ganz persönlich ansprechen kann.

Weitere empfehlenswerte Bücher:

GOTTES KALENDER KOMMENDER DINGE Ralph M. Riggs

Solange es Menschen gibt, haben sie sich für kommende Dinge interessiert. Zum Teil aus Hoffnung, andererseits auch aus Furcht. Auch die Bibel redet viel von zukünftigen Ereignissen, man muß nur die prophetische Sprache des Wortes Gottes richtig verstehen. In diesem Buch geht der Verfasser hauptsächlich auf die bevorstehende Entrückung ein und behandelt ausführlich die damit zusammenhängenden Fragen: Wie und wann? — Richterstuhl Christi — Die große Trübsal — Höhepunkte satanischer Bosheit — Christus nimmt eine Braut — Das goldene Zeitalter. Sie werden durch dieses Buch neue Einblicke in manche Gebiete biblischer Prophetie erhalten.

Best.-Nr. 20105 80 Seiten **DM 6,80**

DAS CHRISTLICHE EHEPAAR Larry & Nordis Christenson

Daß es in den Ehen unserer Zeit kriselt, ist kein Geheimnis. Unendlich viel Tinte ist in den letzten Jahren über diese Krise der Ehe und Familie vergossen worden. Um so begrüßenswerter ist es, daß mit diesem Buch ein erfahrener Eheseelsorger nicht nur auf die Nöte der Ehe hinweist, sondern tiefschürfenden Rat anbietet, wie es wieder anders werden kann. Das Buch ist voller praktischer Weisheit und tiefer Einsicht und fest auf die Bibel gegründet. Es kann allen Ehepaaren und Jugendlichen, die vor der Ehe stehen, eine große Hilfe sein und sollte unbedingt gelesen werden.

Best.-Nr. 20073 204 Seiten (Paperback) **DM 14,80**

OFFENBARUNG DES VERBORGENEN R. Douglas Wead

Ist es möglich, Informationen zu erhalten, die man durch die fünf menschlichen Sinne bzw. durch andere normale menschliche Möglichkeiten nicht bekommen kann? Wenn ja — wie ist es möglich? Durch übersinnliche menschliche Fähigkeiten? Durch dämonischen Einfluß und okkulte Praktiken? Durch Gott, der, wenn Er es nötig findet, dem Menschen Verborgenes offenbart, wie z. B. den Propheten im Alten Testament? Wenn Gott es heute noch tut, auf welche Weise tut Er es? Mit diesen und ähnlichen Fragen beschäftigt sich das Buch und zeigt dabei etwas von den Möglichkeiten der Gaben des Heiligen Geistes.

Best.-Nr. 20066 148 Seiten **DM 9,95**

SOLLTE GOTT KEINE WUNDER TUN? Träff/Petman

Immer wieder hören wir in der heutigen Zeit unter aufrichtigen Christen die Frage, ob Gott doch noch einmal eine gewaltige Erweckung schenken wird. Dieses Buch hier ist die Geschichte einer großen Erweckung in unserer Zeit, die ein ganzes Volk bewegte. Es ist die dramatische Lebensgeschichte des finnischen Evangelisten Niilo Yli-Vainio. Durch ihn brach in Finnland in den sechziger Jahren unseres Jahrhunderts eine gewaltige Erweckung aus, die noch andauert. Tausende fanden zu Christus, Wunder geschahen, Kranke wurden geheilt — und das alles heute!

Best.-Nr. 20090 142 Seiten (Paperback) **DM 10,80**

Preisänderungen vorbehalten

DIE CHRISTLICHE FAMILIE Larry Christenson

Das Buch „Die christliche Familie" hat Larry Christensons Ruf als hervorragender Autor christlicher Bücher begründet. Es ist eigentlich der ältere Bruder von „Das christliche Ehepaar" und ist in vielen Ländern zum Bestseller geworden. Hunderttausende von Familien haben schon bezeugt, daß ihnen auch dieses Buch zur großen Hilfe und zum Segen geworden ist. Es beschäftigt sich mit der Stellung der Eltern zu den Kindern und umgekehrt, sowie mit Kindererziehung und manchen anderen wichtigen Fragen, die für das Familienleben unbedingt nötig sind. Das Buch ist mit derselben biblischen Einsicht, dem feinen Verständnis und der praktischen Weisheit geschrieben, die auch „Das christliche Ehepaar" auszeichnen. Alle Eltern und christlichen Mitarbeiter sollten es lesen.

Best.-Nr. 20069 230 Seiten **DM 9,80**

DER ERNEUERTE SINN Larry Christenson

Nach der „Christlichen Familie" legt Larry Christenson ein weiteres Buch vor, das sich mit der Veränderung des Lebens durch das Wirken des Heiligen Geistes beschäftigt. Er schreibt selbst: „Haben Sie schon einmal versucht, mit einer schlechten Gewohnheit zu brechen und es, trotz mancher Anfangserfolge, doch nicht geschafft? Wird Ihr Sinn manchmal mit Gedanken erfüllt, bei denen Sie rot werden würden, könnten andere sie lesen? Haben Sie manchmal schon geglaubt, Sie würden im Christenleben Fortschritte machen und kamen plötzlich in eine Lage, in der Sie handelten, wie Sie es selbst nicht für möglich gehalten hätten? All diese verschiedenen Erfahrungen haben eines gemeinsam: Sie zeigen die Kluft zwischen dem, was wir sind und was wir sein sollten." Dieses Buch redet davon, wie diese Kluft überbrückt werden kann.

Best.-Nr. 20070 96 Seiten **DM 5,95**

ENTSCHEIDUNG AUF DEM KARMEL William H. Stephens

Das ist die Geschichte Elias, des großen Propheten Israels, der als einzelner den Mut hatte, sich von Gott gebrauchen zu lassen, um gegen die bestimmende geistige Strömung seiner Zeit und gegen das israelitische Königshaus aufzustehen. Dabei kommt es zur gewaltigen Auseinandersetzung zwischen dem Gott Israels, dem Gott Abrahams, Isaaks und Jakobs, der durch Elia vertreten wird, und der heidnischen Baalsreligion, die von der phönizischen Königstochter Isebel, die Israels Königin ist, in Israel eingeführt wird. Diese Auseinandersetzung findet in dem dramatischen Gottesurteil auf dem Karmel seinen Höhepunkt. Ein ungeheuer packend erzähltes Buch. Sie sollten es unbedingt lesen. Auch als Geschenk gut geeignet.

Best.-Nr. 20029 312 Seiten (Paperback) **DM 19,80**

MIT DEM HEILIGEN GEIST AN'S ZIEL Georg Steinberg

Jeder Christ weiß, daß er in der heutigen so verwirrten Zeit ohne die Führung des Heiligen Geistes nicht auskommen kann. Dieses Buch zeigt uns anhand der Brautwerbung des Elieser für den Sohn seines Herrn in biblisch fundierter Weise, wie der Heilige Geist die Gemeinde Jesu führen kann und will, wenn wir uns Ihm anvertrauen. Die Notwendigkeit und Möglichkeit solcher Führung auch im Leben des einzelnen wird uns groß gemacht und auch gezeigt, wie der Heilige Geist uns ausrüsten will. Jeder Christ wird das Buch mit viel Gewinn lesen.

Best.-Nr. 20095 110 Seiten (Taschenbuch) **DM 7,80**

Zu beziehen durch:

Leuchter-Verlag eG, Industriestraße 6—8, D-6106 Erzhausen, Postfach 1161
In Österreich: Buchhandlung der Methodistenkirche, A-1082 Wien, Trautsongasse 8, Postfach 65

Gerdi und Claus-Dieter Stoll

Dankbar leben

SCM Hänssler

SCM

Stiftung Christliche Medien

Bestell-Nr. 395.066
ISBN 978-3-7751-5066-8

Internet: www.scm-haenssler.de
E-Mail: info@scm-haenssler.de
Umschlaggestaltung: Agentur kollundkollegen., Berlin;
www.kollundkollegen.de
Titelbild: istockphoto.com
Satz: typoscript GmbH, Kirchentellinsfurt
Druck und Bindung: CPI – Ebner & Spiegel, Ulm
Printed in Germany